Herstellung und Verlag: Books on Demand GmbH, Norderstedt
ISBN: 978-3-8370-1520-1

SCHWARZ

ROT

Texte und Bilder
von
Florian Schedlberger

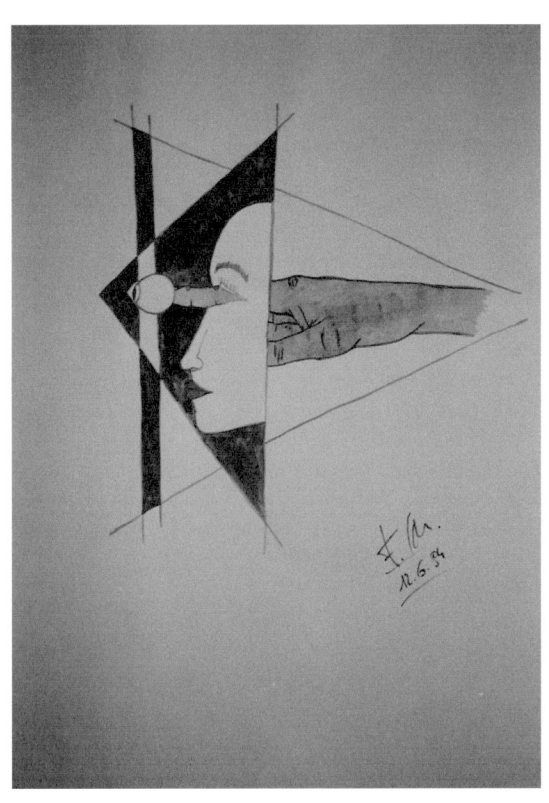

KUNST - WOS IS DES ?!   (ERKLÄRUNGSVERSUCH)

I woas des a ned so genau
I glaub des woas koana genau
Konst Kunst leana?
Kunst konst ned leana
Kunst vastest oda vastest ned
Oba leana? - Na!
Kunst muast gspian
Kunst is in dia drin und wü außa
Und won nix drin is kumd nix außa
Wonst Kunst leana muast, don kumd nua gleande Kunst außa
Kunst muaß außafliaßn, außarina
Muaß außaschrain aus dia
Kunst muaß we doa
Und guad doa
Und soid de ondan ospringa
Soids außaraißn aus eanana "Ramawöd" !
Soid eana den Wiaglichkaidsdreg ins Gsichd schmaißn
Se soin de Wöd riacha und segn wias is
De Kunst hüfda dabai
Sie brauchd di
Und du brauchsd sie
Kunst konst ned Ieana
Oba du konst duach de Kunst leana
S'lem
Steam
Und de Ondan
Vaste leana …..

6

GEFÜHLE AUF PAPIER oder HÖR' ZU !

Gedichte schreibt man nicht zum Spaß
Im Kopf bewegt sich irgendwas
Die Worte kommen und sie drängen
Sie sofort auf's Papier zu zwängen
Ich schreibe um nichts zu vergessen
Bin ab und zu fast d'rauf versessen
Den Reim an Menschen zu verschenken
Den Sinn der Sätze überdenken
Das Glück der Sprache zu ergründen
Irgendwo das Ziel zu finden
Bedeutung zwischen den Zeilen zu suchen
Manchmal die Buchstaben zu verfluchen
Man denkt, man fragt und man probiert
Man grübelt nach und man sinniert
Doch dann paßt es, ist perfekt
Solange hat es sich versteckt
So wollte man es allen sagen
Man liest es und man muß nicht fragen
Sofort begreifen und verstehen
Vom Kopf in's Herz sie Übergehen
Gedichte braucht man nicht zu schreien
Gedichte können Dich befreien
Sie werden Dich Gefühle lehren
Und irgendwann wirst Du sie ehren I

VIELFÄRBIG

Im Grünen sitzen
Das Graue verdrängen
An's Schwarze denken
Das Blaue sehen
Das Gelbe fühlen
Das Rote spüren
Das Weiß erwarten
Und bunt begreifen!

VON WICHTIGEM UND WENIGER WICHTIGEM

Man muß nicht immer alles verstehen
Es genügt, es einfach anzunehmen, wie es ist – zu akzeptieren
Die wichtigen Dinge sollte man empfinden können
und nicht verstehen müssen
Manche Leute (zu wenige?) verstehen das
Einige verstehen es teilweise
Ziemlich viele – zu viele vielleicht – verstehen es nicht
Aber das müssen sie auch nicht
Man versteht nur, was man auch verstehen will
Und man empfindet nur, was man empfinden kann
Verstanden!??

STILLE

Man hört sie nicht nur NICHT
Man spürt sie - vor allem
Sie ist da, wenn alles andere weg ist
Man spürt sie
Man spürt sich
Sie durchdringt und entführt
Begleitet in das eigene Ich
Mit ihr und sich in sich
Verstillt

ALLES OFFEN…..…

Sitze hier - denke nach
Über jetzt - über danach
Über mich und über Fragen,
die an mir zehren und mich plagen
Fragen plagen - Plagen fragen
Nicht nur fragen, Antwort sagen
Antwort suchen - Antwort finden
Antwort leben und verkünden
Antwort fragen - Wahrheit lügen
Muß vielleicht mich selbst besiegen?!

HERRLICH HERBSTLICH

Herbstwind berührt Haut
Empfindungsoberfläche
Hauchdünn
Hauchzart
Herbsthauch
Farbiges, fallendes Blättermeer
Erden-, Laub- und Lebensgeruch
Wetterspiele spüren
Regentropfen schmecken
Zeit des Erlebens
Zeit des Ersinnens
Sinnliche Zeit
Schöne Zeit
Herbstzeit

NUKLEARE ZWECKERFÜLLUNG
oder
LÖSUNGSVERSUCH DES VIELLEICHT UNLÖSBAREN PROBLEMS "MENSCH"

Zwei Sekunden - alles kahl
Zwei Sekunden - alles fatal
Zwei Sekunden - alles egal
Zwei Sekunden - alles banal
Tausend Jahre totes Tal - hoffnungsvolles Areal?

WAR SCHÖN oder JA - AUCH WENN ES ZU SPÄT IST

Man merkt es ganz tief innen drin
Letztendlich hatte alles Sinn
Viel Zeit verschwendet und gesucht
Menschen, Stunden, Sein verflucht
Der wahre Grund sitzt im Verstand
Macht dich zum Du - zur Frucht im Sand
Er macht verletzlich und verliebt
Er lacht, er denkt und er vergibt
Formte dich so, wie sie dich kannten
Soviel was sie mit dir verbanden
Ihm verdankt man Freund und Feind
Das Bett des Sterbens alle vereint
Man geht - sie bleiben, reichen Hände
Ziemlich nah das Aus, das Ende
Die Augen feucht, Gesicht in Trauer
Jetzt kommt die Zeit jenseits der Mauer
Nun stirbt man irgendwo dahin
Das Leben hier - es hatte Sinn
Gefühle, Menschen und Natur
Sie machten's aus, das Leben pur!

UNMENSCHLICH MENSCHLICH

Fett, verfressen
Faul und flach
Hängebauch und Doppelripp
Vielfältig uninteressiert und völlig uninteressant
Moikgestadelt, glücksgerädert
Angesoffen
Unbetroffen
Berieselungsbereit
Jederzeit
Selbstzufrieden bis zun Doppelrülps
Oral zuführen
Anal abgeben
Hirnüberbrückend
Kopfschonend, dauerdarmbelastend
Verschwitzt, verschmiert, verschleimt, verkommen
Hoffnungslos voreingenommen
Freß und Fick
Lebensglück

DEKADENZ oder **DIE ANDERE WIRKLICHKEIT**

Die Bierflasche steht fast leer auf dem Tisch
Im Wohnzimmer - mit Blick zum Fernseher
Das Fett rinnt aus den Mundwinkeln
Ein Stück Hühnerfleisch hängt über die Lippen
Die Finger sind genauso fettig wie die Haare - und die Fernbedienung
Volksdümmlichkeit hat wieder über somalische Wasserbäuche gesiegt
Perfekte, heile Serienwelt über zerfetzte Leichen und endlose MG-Salven
Maschinengewehre made in USA, France, China, Germany, Russia, ……..
Sie vergrößern das Bruttosozialprodukt in den Erzeugerländern ebenso
                           wie die Leichenberge
                           bei den Endverbrauchern bzw.
                           den Gegnern der Endverbraucher
Es macht nichts mehr betroffen
Man hat nichts damit zu tun
Zufriedenheit macht gleichgültig
40 000 verhungerte Kinder können das Glücksrad auch nicht verhindern
Lieber Kabelfernsehen als Nachdenken
Lieber konsumieren als reagieren
Lieber heißer Preis als kalte Wirklichkeit
Lieber satt und dekadent als hungrig und ohnmächtig

MUTTERTAG

Na, Mutter -
alles in Butter?
Ich wünsche Dir, liebste Mutter,
alles Gute zum Buttermuttertag!
Das Beste zum Muttermixerbügeleisenschenktag!
Das Allerbeste zum Wasch-mir-meine-Unterhosen-Fraumamatag!
Gratuliere, Du Wischwaschputzlappenabstreifwesen!
Wirklich
Ja, wirklich
Alles alles Gute zum Hausfrauenblitzblankspiegelglattorgasmusgedenktag!
Bist Du heute schon gekommen, Mutter?!
Bist Du überhaupt schon drauf - gekommen?
Daß der Mutterbutterhollandblumenmarktkaufschenktag auch
Fick-Kinderkrieg-Heirats-Putz-koch-und-das-alles-umsonst-Tag
heißen könnte?
Alles in Butter
Oder, Mutter?!

IM NAMEN DES GELDES, DES GELDES UND DES GELDES

Kapital unser
auf der Bank
maximiert werde Dein Zinssatz
Dein Ertrag steige
Deine Laufzeit vergehe
an der Börse
sowie am Sparbuch
Unsere tägliche Dividende überweise uns heute
und vergib an uns hohe Kredite
so wie auch wir versprechen uneinlösbare Rendite
Und verführe uns nicht an Niedrigzinsveranlagungen
sondern erlöse uns von der Vermögenssteuer
Denn Dein ist das Bare
        das Schwarzgeld und
        die Provision

   In Luxemburg
           AMEN

MANHATTAN, DAS GELD UND MAN SELBST
oder
THE CASH MAKES THE LIMIT

Beton, Glas, Stahl- Schluchten der Moderne
Schluchten, die sich zwischen den Menschen fortsetzen.
Die polierten, glatten Fronten geben keinen Halt.
Sie begleiten dich, verfolgen dich, starren dich an.
Grand Canyon der Hektik, des schnellen Geldes.
Wenn man sonst niemanden hat,
so hat man wenigstens das Spiegelbild seiner selbst.
Das Ego und ….. dein Geld.
Sie bestimmen das Limit.
Das Limit nach oben ist offen.
Das Limit nach unten auch …...

ALLES FASSADE

Die Augen - stechend, schmelzblaumetallic,
    Marke " Unwiderstehlich"
Das Gesicht - tief, tiefer, tiefstgebräunt, pickelfrei,
    Marke "Werbeerprobt"
Das Gebiß - weiß-glänzend,
    Marke "Strahler 80 for Präsident"
Die Haare - nicht zu kurz, nicht zu lang, up to date, dreimal pro Woche friseurgestylt,
    Marke "Meine Haare gehören mir"
Die Hände - maniküert, geschmiert, beaspruchungsallergisch,
    Marke "Geldverdienen: ja, aber nicht mit den Händen"
Der Körper - Sylvester S. und Arnold Sch., wer sind sie?,
    Marke "Ich liebe nur mich und mein Fitneßstudio"

Die Boxershort von Klein
Die Socken vom Lauren
Das Hemd von Lagerfeld
Die Krawatte vom Cerrutti
Der Anzug von Lacroix
Die Schuhe von Gucci
Die Sonnenbrille von Ray Ban
Die Uhr von Rolex
Das Handy von Sony

Im Hirn nur Geld
Im Herz nur Geld
Vielleicht nur aus Geld
Äußerlich perfekt
Innerlich widerlich

GOTT GELD

Der Sohn Gottes wurde schon lange vom Kreuz gedrängt
Entmachtet
Entthront
Abgelöst
Er ist wiederauferstanden in Form von Kreditkarten,
     mit Zahlen bedruckten Scheinen, Aktien, Optionen, Termingeschäften,
     unzähligen Wertpapieren, Anleihen, …….
Unendlich fortsetzbar
Er beendet jeden Krieg
Macht gesund
Gibt Liebe
Erfüllt unerfüllbare Träume und Wünsche – ausnahmslos
Jedes und jeder hat seinen Preis
Alles ist möglich
Der Mensch verehrt ihn
Betet ihn an
Und er hat ihn unsterblich gemacht
Den neuen Gott Geld
Amen

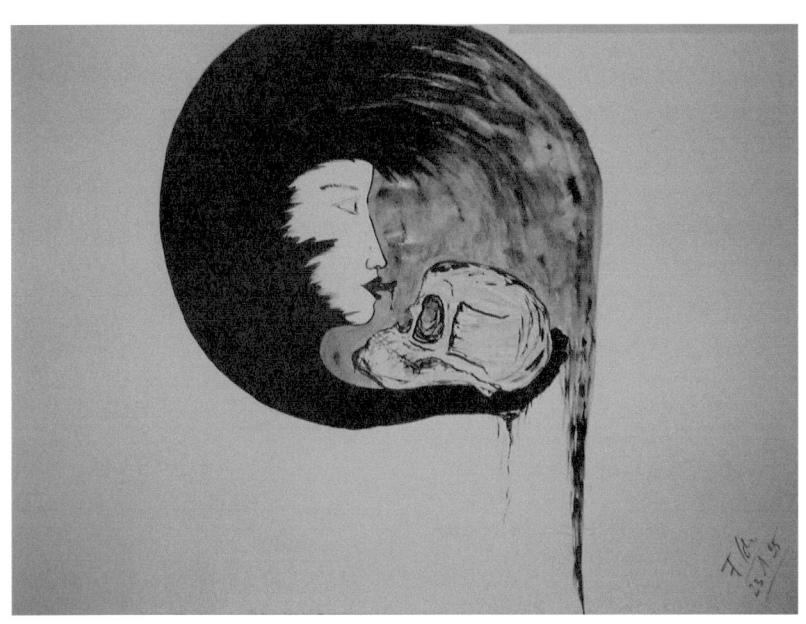

ICH - NICHT NUR EIN LEBEN LANG?

Jeder Schritt
Jeder Atemzug
Jede Bewegung
Jeder Gedenke
Wo immer ich bin
Was ich auch tu
Ich werde immer ich sein
Ich werde immer so reden wie ich
Ich werde immer so denken wie ich
Ich werde immer so fühlen wie ich
Ich werde nie ein anderer sein
Auch der Tod ist keine Garantie für die Beendigung des "Ichs"
Meines „Ichs"
Meiner geistigen Existenz
Geburt, leben, sterben, ……?
Tot - und auch dann noch ich?
Ich für immer und ewig???

WARUM ??!!

Diese Frage habe ich mir oft gestellt
Und ich stelle sie mir immer öfter
Aber die Suche nach einer Antwort wird umso schwieriger und belastender,
je mehr ich mich damit beschäftige, darüber nachdenke.
Vielleicht gibt es keine Antwort.
Ich habe festgestellt, daß nicht mein Körper mein Gefängnis ist,
sonder mein Geist, meine Gedanken, meine Psyche.
Ich kann ihn nicht finden,
den Schlüssel zu meiner anscheinend ausbruchsicheren Zelle.
Mein Kopf - persönliches Alcatraz
Verurteilt zu lebenslangem Ich
Auch wenn man Du sein möchte!

EGOISTISCHES oder ICH ÜBER MICH

Ich denke oft
An mich
Über mich nach
Warum sollte ich auch nicht?
An mich
Und
Über mich nachdenken
Schließlich bin ich mir der nächste
Schließlich hängt alles im Leben - meinem Leben
eng mit mir zusammen
Schließlich muß ich an mich denken
über mich nachdenken
Mich mit mir beschäftigen
Denn gäbe ich mich mit anderen oder anderem ab,
dann könnte ich auch ein anderer oder eine andere
oder etwas anderes - oder einfach anders - sein
Aber schließlich bin ich nicht irgendwer oder –was
Schließlich bin ich ich
Und das ein ganzes Leben
Mein ganzes Leben

AUF DER SUCHE NACH .... ?

Auf der Suche nach mir hab' ich mich nie gefunden
Mit dieser Wahrheit hab' ich mich abgefunden
Auf der Suche nach nichts kann man nichts finden
Was nützt die Wahrheit, was bringt das Ergründen?
Auf der Suche nach so vielem hab' ich resigniert
Hab' abgeschaltet - keinen Kampf mehr gegen mich geführt
Auf der Suche nach jemandem hab' ich niemand entdeckt
Ich habe mich immer vor mir selber versteckt
Auf der Suche nach Liebe ist Haß d'raus entstanden
Zum Schluß haben wir uns ziemlich nahe gestanden
Auf der Suche nach Haß ist Selbsthaß geboren
Durch ihn hab' ich auch die Liebe verloren
Auf der Suche nach mir hab' ich mich selbst zerstört
Ich weiß nicht, ob mein Ich jemals mir gehört!

WIR (DIE FELSEN UND ICH)

Bizarre, graue, einsame Felsen
Zeitlose Gesteinsbrocken in allen nur erdenklichen Gebilden, Formen und Kreationen –
soweit das Auge reicht
Ich gehe - soweit das Auge reicht
Und immer dasselbe Bild
Die gleichen bizarren, grauen, zeitlosen einsamen Felsen
Ich gehe, gehe, gehe
Felsen, Felsen, Felsen - bizarr, grau, zeitlos einsam
Einsam?
Sie sind nicht mehr einsam
Sie haben jetzt mich
Ich bin auch nicht mehr einsam
Ich habe jetzt die Felsen
Die Felsen und ich
Ich und die Felsen
Solange wir wollen
Soweit das Auge reicht…

WÜNSCH MIR WAS

Wünsche mir, könnte mich besser verstehen
mich mit anderen Augen sehen.
Einfach alles besser erklären.
Dinge, Augenblicke, die dann sinnvoller wären.

Wünsche mir, könnte mich endlich überwinden
mich besser fühlen, neu erfinden.
Meine fremden Gedanken eiskalt ersticken,
und auf der neuen. Wiese frische Gefühle pflücken.

Wünsche mir, könnte sie endlich kennen lernen,
auf sie zugehen und mich nicht entfernen.
Mit ihr das Grau der Tage zerstören.
Kann mir jemand diesen Wunsch verwehren??!

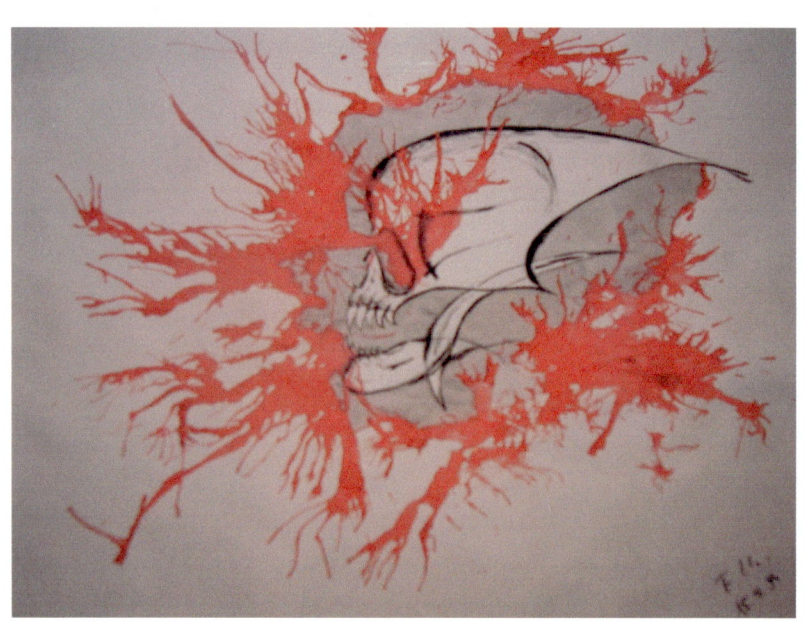

ROSEN - BLUT – ROT

Rosen und Blut
verstehen sich gut
Sie dich sticht
Rot ausbricht

Rot und rot
reimt sich auf tot
Wunden verschwinden
Narben verbinden

Adern ganz weiß
wie Rosen im Eis
Hoffen auf Glut
warten auf Blut

Dornen verhüten
Verlangen nach Blüten
Geruch nach Rot
nicht nach tot

Herz braucht Blut
Rosen und Mut
Schwarz ist tot
Leben ist rot

Wie Rosen und Blut
fast alles wird gut
fast alles im Lot
für ein bißchen Rot

GUTE NACHT oder **DREAM ON**

Die Lider gefallen
Wirklichkeit nach außen versperrt
Blick in Traumwelt
Schlafendes Totsein
Atmen und doch nicht leben
Träumen vom Leben
Traumleben
Lebenstraum
Wirklichkeit dringt ein
Vernichtet Traumleben
Zerstört Lebenstraum
Vernichte, zerstöre Wirklichkeit
Lider bleiben geschlossen
Traumwelt geöffnet
Für immer

MIR IST SO NACH.....

Mir ist so nach   Traurig
...... ist so nach   Ewig
...... ist so nach   Regen
...... ist so nach   Nebel
...... ist so nach   Gestern
...... ist so nach   Naß
...... ist so nach   Nacht
...... ist so nach   Mond
...... ist so nach   Rand
...... ist so nach   Dort
...... ist so nach   Danach
Danach ist mir so gut ......

SCHÖNE TRAURIGKEIT

Warmes
Klares
Ich-Wasser
Streichelt
Fließend
Mein
Gesicht
Löst
Engen
Gürtel
Um mein Herz
Fühlt
Mich
Frei
Und
Macht
Mich
Schön!

FREIER FALL NACH NIRGENDWO oder DOWN

Wieder in mir nachgedacht
Brände in meinem Kopf entfacht
Versuch sie wieder zu ersticken
Gedanken - schwarz - zu überbrücken
Tag und Nacht dasselbe Quälen
Sinn und Gefühle, die mir fehlen
Erwartungen, die sich zerschlagen
Zurück bleibt Trauer und die Fragen
Wieso, weshalb, warum und wie
Es wird nie klar, bin nicht wie sie
Die anderen voll Harmonie
So bin ich nicht - so werd' ich nie
Die Kluft in mir wird ständig breiter
Meistens bewölkt, nur selten heiter
Die Zeit verrinnt, die Kraft, sie schwindet
So wenig noch, das mich hier bindet
Er nähert sich, der letzte Akt
Hat auggehört, der Lebenstakt
Das Atmen einfach weggelassen
Adieu und Ciao - muß euch verlassen
Bin nicht mehr da, bin weg und so
Im freien Fall nach nirgendwo

PARADIESISCHES PARADIES? oder ANFANG ODER ENDE

Nach außen ist man beim Sterben leise
Im Inner'n beginnt die letzte Reise
Ist man tot, hat man's erreicht
Es ist nicht sicher, aber vielleicht
Ein Ziel, für das man viel ertrug
Ist's nur erfunden und Betrug?
Im Grab, im Sarg tief unten drin
Da ist's zu spät für einen Sinn
Hat man's im Leben nicht gefunden
So ganz bestimmt nicht dort tief unten
Am Körper nagen Naß und Zeit
Die Seele ist vielleicht befreit
Sie ist - wenn es denn existiert –
im Paradies und philosophiert
Über Sinn und Tod und über Sein
Und fühlt sich auch hier ziemlich allein
Einsam, leer und unverstanden
Im Paradies ist auch kein Sinn vorhanden
Warum also, die Frage steht
Nie eine Antwort und die Zeit vergeht
Neuer Anfang oder Ende pur
Ich weiß es nicht, ach, wüßt' ich's nur!

TRÜBES - GRAUES – SCHWARZES

Der Tag ist trüb - verhangen
Die Regentropfen sind wie Steine
Jeder Aufprall eine stille Narbe
Keine Spur von Licht - weit und breit
Keine Sonn e
Kein Hell
Das Grau verlangt nach mir
Das Schwarz greift nach mir
Die anderen Farben hatten keine Chance
Vielleicht habe ich ihnen nie eine gegeben
Vielleicht wollte ich ihnen keine geben
Vielleicht hatten einfach keine mehr Platz in mir
Vielleicht war ich immer schon schwarz
Und Schwarz läßt keine andere Farbe zu

FRIEDHOFSIDYLLE

Leben, sterben und Tod - im Einklang
Schritte auf Kies
Bedächtig
Philosophische Blicke auf Geburts- und Sterbedaten
Gewesenes, Gelebtes in ewigem Stein
Warumgedanken…..
Wohingedanken…..
….. still und einsam aufnehmen
In Ruhe aufnehmen
Mit der Ruhe der Lebenden
In der Ruhe der Toten
Mit Schmerz und Trauer verbunden werden
….. sie mit Tränen lösen
Sie auflösen im Danachgeruch
Jetzt und danach
Danach und jetzt
Begleitet von nassen Blicken
Begleitet von Schritten im Kies
Leise

ZEITLOSE VERSUCHE

Die Zeit zerrinnt immer schneller in meinem Hirn
Sie rast in einer unkontrollierbaren Weise durch mich durch -
an mir vorbei
Ignoriert mich
Und zerstört dabei jedes Gefühl der Langsamkeit, der zeitlosen Besinnung,
in mir
Ich bin nicht in der Lage Widerstand zu leisten, sie aufzuhalten
Ich kann nur versuchen bewußt im Jetzt zu leben
Zukunft und Vergangenheit, die Existenzgründe der Zeit, soweit als
möglich außer acht und dadurch belanglos werden zu lassen
Mein Leben vergegenwärtigen - im wahrsten Sinn dieses Wortes
Die Gegenwart ist das Leben
Sie kennt keine Zeit
Gestern war
Morgen wird
Jetzt IST
Jetzt ist immer

ABSCHALTEN

Scheint alles so einfach
und doch kompliziert?
Wie die Züge im Schach
Von Logik, geführt?
Alles ist möglich
und nichts wird geschehen?
Das Sein, es ergibt sich
Ohne hoffen und flehen?
So wie es ist
und auch anders vielleicht?
Ewig - mit Frist?
Seriös oder seicht?
Anfang und Ende
Jetzt oder nie?
Wahrheit – Legende?
Versager - Genie?
Hin oder her?
Gerad' oder krumm?
Was oder wer?
Wieso und warum??
?????????????????
?????????????????
Augen verschließen
Fragen entsorgen
Stille genießen
In sich geborgen!

WIRKLICH WAHR ODER SCHWARZ AUF WEISS ODER?

Weißer Punkt auf weißer Wand
Alles in Allem im Nichts verschwand
Ist nicht viel und ist ganz still
Ist nur nichts, nicht mal Gefühl
Unwichtig vielleicht, doch existent
Es ist nur weiß, was man erkennt
Sieht nur, was man sehen will
Laut und schwarz deckt weiß und still
Doch lauter ist nicht immer besser
Auch ist kleiner manchmal größer
Es bedarf oft tiefen Blicken
zu formen Ganz aus kleinen Stücken
Jedes Ding hat seinen Sinn
Aus Verlust wird dann Gewinn
Das wahre Wahre drängt nicht vor
Taucht nicht aus Unscheinbar empor
Wahrheit und Lüge kann man nicht sehen
Die Beiden soll man nur verstehen
Wirklich scheint das, was man berührt
Wahrheit ist das, was man verspürt!

ANFANG ENDE – ENDE ANFANG

Ich ging durch einen dunklen Wald
Mein Herz das stand schon lange still
Der Körper wird jetzt langsam kalt
Ich weiß nicht mal, wohin ich will

Der Waldweg war gesäumt von Knochen
Es war kein Fleisch, kein Blut mehr dran
Der Tod hatte ihr'n Puls zerbrochen
Die Seelen nehmen nun meine Bahn

Der Weg vom Dies- in's Jenseits führt
Durch diesen dunklen Pfad vielleicht
Mich hat so manches dort berührt
S'nicht mehr die Zeit, die hier verstreicht

Begleitung in das Absolute?
Dort wo Wahrheit Wahrheit ist
Wo man dem Bösen sagt: Verblute!
Die Ewigkeit die Liebe küßt

Mit all' den erwartungsvollen Seelen
Steh' ich hier am Wegesende
Würden uns beugen allen Befehlen
Wenn alles bald ein Ende fände

Über die Schwelle in das Licht
Plötzlich Schreie, Schritte, Blut
Spür' Riesenbusen im Gesicht
Muttermilch, die schmeckt so gut ???!!!

SEIN ODER NICHT SEIN?

Tage so schwarz wie ein fensterloser Raum
Immer öfter wünschte ich, alles wäre nur ein Traum
Tage, so dunkel wie eine Dezembernacht
Ziellos - bis jetzt fast alles falsch gemacht
Habe Angst, niemals jemanden zu lieben
Vielleicht ist es besser irgendwo dort drüben
Drüben, jenseits der Grenze, die die meisten scheuen
Kann man sich dort von allem befreien
Das letzte Ticket muß sich jeder mal kaufen
Diese Reise kostet nichts - nur das Leben - man muß nicht mal laufen
Die Entscheidung letztendlich fällt jeder allein
So lautet die Frage: Sein oder nicht sein?

VOM LEBEN, STERBEN UNDSOWEITER .....

Auf einmal hört man auf zu leben
Vegetiert - man atmet und man schweigt
Schatten bleibt auf einem kleben
Lust sich ein letztes Mal verneigt

Schwarze Schwingen streifen leise
Faltige, alt geword'ne Haut
Auf diese oder jene Weise
Passiert's im Stillen oder laut

Langsam hört man auf zu denken
Geist will nicht mehr existieren
Alles fängt an sich zu senken
Man ist bereit sich zu verlieren

Schnell gestorben - rasch vergessen
Diesen Tod nicht registriert
Ihm sind die meisten nicht versessen
Im Nu vorbei, ins Grab entführt

Dort zerfällt Wichtig zu Schein
Faßbares wird relativ
Unklares, Trübes färbt sich rein
Nur Dummheit bleibt immer naiv

Die Ewigkeit irgendwie erlangen
Nach dem Tod nicht tot zu sein
Endlos im selben Ich gefangen
Unendlich nach dem Totenschein

KLARE, VERWORRENE GEDANKENSPLITTER UND –STRÄNGE
oder
MEINE DUNKLE WELT

Nachdenken über mich
Träume über dich
Visionen, Bilder, Szenen
Schreie, Blut und Tränen
Psychisches Datum abgelaufen
Gefühle, Lachen, Mut verkaufen
Raum ohne Licht
Zukunft, die sticht
Illusionsloses Leben
Kampflos ergeben
Angst in der Seele
Durchschnittene Kehle
Trauma, Atemnot und Narben
Geliebte Freunde, die erstarben
Friedhofskreuze tausendfach
Stumm und taub - nie wieder wach
Stille Orte, wo man sich findet
Erde und Stein mich ewig bindet

BEGRENZTE AUSWEGLOSIGKEIT oder VERGRABEN UND VERGESSEN

Resignation am Ende
Verwischte Lebensspuren
Bitterkeit und kahle Wände
Zu ticken aufgehörte Uhren

Schattenfarben, Trauertöne,
Dur gespielt und Moll gehört
Vorbei die Blicke für das Schöne
Grabesstille - ungestört

Konfrontation mit Erde
Geruch nach Leben und nach Tod
Zusammen mit der Totenherde
Sitzt man da im selben Boot

Auf Grund gelaufen, eingesargt
Warte dort auf den Zerfall
Übrig geblieben auf dem Markt
Bin jetzt hier und überall

Modergeruch und matte Knochen
Verwesen sich ins Nichts
Unwiderruflich abgebrochen
Ewiges Urteil des Jüngsten Gericht's

ALLES VORBEI

Es sah aus, als ob sie schläft –
und doch war schon alles vorbei
Es sah aus, als träumte sie vom Glück
und vielleicht war sie auch glücklich - jetzt
Ich hätte sie so gerne noch lachen hören
Ich hätte sie so gerne noch lächeln sehen
Ich vermisse das freche Glitzern in ihren Augen
Die Augen, die vielleicht jetzt das Glück sehen
Davon erzählen könnten
Es beschreiben könnten
Ihre Augen, die das Licht von dieser Seite nicht mehr sehen werden,
weil ich es für immer verdunkelt habe.
Ihr Mund, der mir nichts mehr sagen kann,
weil ich ihm ewige Stille aufgezwungen habe.
Ihre Lippen, die mich nicht mehr küssen können, weil sie kalt sind.
Ihre Arme, die mich nicht mehr drücken können, weil sie starr sind.
Sie, die mich nicht mehr lieben kann, weil schon alles vorbei ist.
Sie, die mich nicht mehr lieben kann, weil sie tot ist ……!

FÜR WEN SONST oder 4U

Für manches und vieles
Ganz selten und oft
Für Heißes und Kühles
Für Hartes und soft
Für nichts und für alles
Für das und noch mehr
Für den Fall eines Falles
Für DICH, bitte sehr!

FREUNDSCHAFT oder FREUNDE LEBEN EWIG

Man kommt so oft auf sie zurück,
Wenn man sie am meisten braucht
Erweisen sich als Stück vom Glück
Holen dich rauf, wenn du abgetaucht

Im Stich zu lassen, ist ihnen fremd
Was zählt ist gegenseitiges Vertrauen
Sie geben dir ihr letztes Hemd
Auf sie kannst du in jedem Falle bauen

Gemeinsam kämpfen wir sie nieder,
Alltagsprobleme, Streß und Downs
Sind fast wie Schwestern und wie Brüder
Lachen und weinen manchmal wie Clowns

Rettendes Ufer und Schirm im Regen
Von Tag zu Tag ein bißchen mehr
Machen dich fröhlich, selten verlegen
Ohne sie Monotonie und leer

Schlicht und einfach unersetzlich
Weil sie so sind, wie sie sind
Seriös, verrückt und auch verletzlich
Sind sie weg, auch ich verschwind' !

LEBENSLANG (OHNE BEWÄHRUNG)

Schwingungen
Berührungen
Empfindungen
Ertastungen
Erfahrungen
DICH erlernen
  erwärmen
  erfühlen
  erspüren
  erregen
  erleben
Erwartungsfrei
Vorurteilsfrei
Angstfrei
Frei
Gefangen von
  mit
 und in DIR

LEBENSWERTE LEBENSWERTE

Aus dem Fenster schauen
Die Sonne sehen
Dem Guten vertrauen
Das Böse verstehen

Auf der Wiese sitzen
Die Zeit genießen
Das Leben benützen
Im Jetzt verfließen

Auf dem Gipfel liegen
Die Wolken spüren
Im Blau verfliegen
Den Himmel berühren

Im Gefühl verschwommen
Den Sinn erfassen
Die Last genommen
Nur lieben, nicht hassen

DIE oder WENIGE FÜR IMMER

Es gibt Menschen, die trifft man
Einfach so
Die mag man
Die lernt man zu lieben
Die liebt man
Ohne die fällt es schwer - zu leben
Die kann man nie vergessen
Auch wenn die längst woanders sind
Die sind wie Narben
Narben im Kopf
Die bleiben für immer
Auch wenn der Schmerz schon weg ist
Die lassen sich in dir zurück
Einfach so
Für immer…….

<u>PRINZIP LIEBE</u> oder <u>NICHT GELIEBT-UMSONST GELEBT</u>

Sich explosionsartig ausbreitender innerlicher Flächenbrand
Nur mehr up - nicht mehr down
Konstruktive Empfindungsexpedition ins Erdennirvana
Gleiten auf der obersten Welle
Konsequente Vernichtungsstrategie destruktiver Gedankenansätze
Seelisches Kokain mit Suchtgarantie
Gegenseitige Dosissteigerung bis zum Goldenen Schuß
Abhängig voneinander
Unabhängig miteinander

DU UND DICH - ENTSCHEIDUNGEN FÜR'S LEBEN

Halt dich fest
Laß dich nie los
Will immer bei dir leben
Hör' dein Herz
Spür' deinen Atem
Macht' mich dir ganz ergeben

Dich nicht gesucht
Warst plötzlich da
Hast dich der Norm entzogen
Bist interessant
Fern jeder Masse
Mich zum Gefühl bewogen

Du existierst
Ich weiß dein Sein
Dir brauch ich gar nichts zu erklären
Nicht anonym
Bist mir vertraut
Würd' lieber mich als dich entbehren!

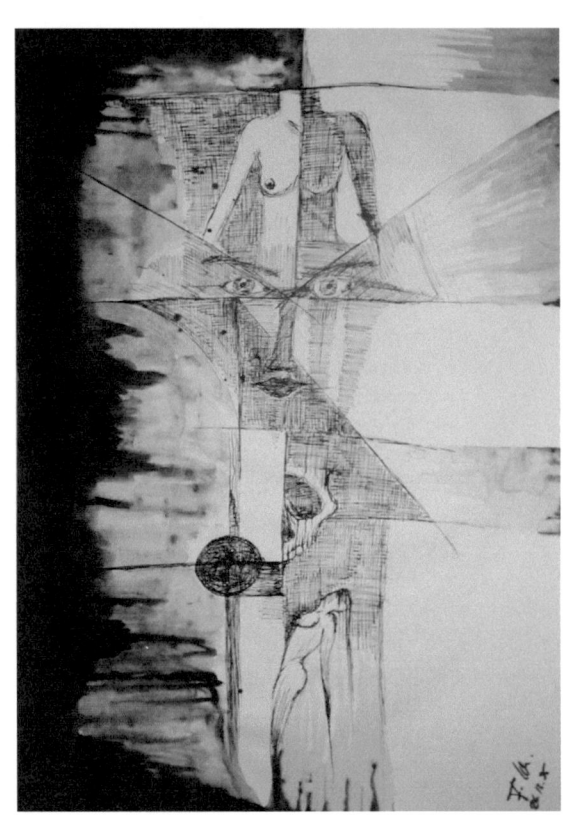